Ulrich Gertz   Robert Bednorz

D1697432

Ulrich Gertz

Robert Bednorz

Werk und Mensch

Delp

SILESIA Folge 12
Publikationen des Kulturwerks Schlesien e. V.
Begründet von Alfons Hayduk †
Herausgegeben von J. Joachim Menzel
Dieser Band erscheint in Verbindung mit der Künstlergilde

© Dr. Ulrich Gertz
Delp'sche Verlagsbuchhandlung KG, München 13
Delp-Druck, Bad Windsheim
ISBN 3-7689-0104-1
Printed in Germany 1972

In seinem biographischen Essay schreibt Robert Bednorz: ... *(nach) meiner Rückkehr aus Italien nach Breslau war dort großes Leben durch die Vorbereitungen zur Jahrhundertfeier des Befreiungskrieges von 1813. Fünfhundert Meter etwa von der Paßbrücke entfernt stand die im Bau befindliche Jahrhunderthalle, deren Kuppel damals die größte Spannweite in der Welt hatte. Der Entwurf war von Max Berg, Stadtbaurat von Breslau. Das gleichzeitig gebaute große Ausstellungsgebäude mit vier kleinen Kuppeln und einer repräsentativen Pergola um einen künstlichen Teich wurden von Poelzig entworfen. Über dem Portal der Jahrhunderthalle hatte der junge Bildhauer Alfred Vocke eine Großplastik in Zement ausgeführt, welche die Überwindung Napoleons darstellte. Und für einen Brunnen im Hof der Ausstellungshalle wurde mir der Auftrag zu einem plastischen Figurenschmuck erteilt.*

Robert Bednorz war wieder in Breslau; eine künstlerische Aufgabe war ihm gestellt, die — wie 1905 in Falkenberg OS — mit einer Architektur von Hans Poelzig harmonisieren sollte. Bednorz war damals noch Student der Bildhauer-Fachklasse von Professor Werner Schwarzburg an der Königlichen Kunst- und Kunstgewerbeschule in Breslau, deren Direktor eben dieser Architekt Professor Hans Poelzig war — ein »experimentierender Individualist«, von verantwortlichem Gemeinsinn erfüllt, ein wahrer Mentor im Schöpferischen, Geistigen, Pädagogischen, Technischen und Organisatorischen. Als Bednorz seinerzeit die Steinskulptur einer sitzenden Madonna mit Kind in Poelzigs Waldkapelle aufgestellt hatte, saß man abends im Schloß der Gräfin von Praschma, der Auftraggeberin, zusammen, wo sich — so Bednorz — *eine lebhafte Unterhaltung über künstlerische Probleme entwickelte. Wir sprachen auch über die Grabkapelle der Medici in Florenz, insbesondere über die Statue des Lorenzo, der dort sitzend, in tiefes Nachdenken versunken, dargestellt ist.* Dieses Werk von Michelangelo war der Anlaß einer Betrachtung über das Wesen der Plastik. Das Problem war aktuell, weil in dieser Zeit der Impressionismus eine große Spannung erzeugte und auch die Plastik durch Rodin in eine neue Phase eingetreten war. *Ich war kurze Zeit vorher in Italien und habe in Florenz die Medici-Gräber gesehen.* Wiederholt studierte Bednorz die Architektur, Plastik und Malerei, die Landschaft und die Menschen Italiens und Griechenlands, wann immer sich in seinem Leben die Möglichkeit hierzu bot. Er sah die unvollendeten Sklaven Michelangelos, eingemauert in der Boboligrotte des Palazzo Pitti. Sein kritisches Bewußtsein und seine schöpferische Sensibilität ertasten die Form, erforschen den Ausdruck, erspüren den sich im

Werk mitteilenden Menschen, die Macht seiner Psyche. *Das Aufbäumen und Stürzen, das Grollen und Klagen in der Gebärde wogen auf und ab wie die Wasser der Meere — ein Gigant der Leiden war am Werk.* Noch nach Jahren und wiederholtem Verweilen in der Sixtinischen Kapelle kann man der Niederschrift des fast Achtzigjährigen entnehmen, wie ihn das Erlebnis dieser Malerei erfüllte und bedrängte, wie aus dem dort Gesehenen, Bedachten und Wahrgenommenen sich Feststellungen und Fragen kristallisieren. Für ihn vollzog sich Michelangelos Gestaltung *in ungewöhnlicher Form: war es ein furchtbarer, ein grauenvoller Prozeß oder war es ein anderes, helleres Element, das seine Visionen erregt? ... Dieser Ausbruch der Kraft muß gewaltig gewesen sein. Die Wenigen, die Gelegenheit hatten das zu sehen, bekundeten, sie wurden von Entsetzen ergriffen. Weil ihn Größe, Schönheit und das Maßlose so leidenschaftlich an das Leben fesselten, mußte er auch fliehen, wenn er Gefahr witterte, verkroch sich und versank dann wohl in die Fluten seiner Melancholie.*

Für ein Jahr war Robert Bednorz im Herbst 1911 als Stipendiat der Deutschen Akademie, die damals noch in der Villa Strobl-Fern am Pincio beheimatet war, nach Rom gegangen. Er hatte den Preis mit einem Bacchanten-Relief gewonnen, dessen als Aufgabe gestellter anekdotischer Inhalt von ihm im Sinne eines antikisierenden Realismus innerhalb einer spannungsreichen Komposition vermittelt wird. So fügte er sich der durch Adolf von Hildebrand gewandelten bildnerischen Vorstellung ein. In seinem Relief erreicht er Räumlichkeit durch Drehen und Überschneiden der Körper — faszinierend, wie er das optische Verweilen im Gegenüber der beiden rechten Figuren aus der Bewegung des Aneinander-Vorbeigehens entwickelt; die inhaltliche und kompositorische Anordnung der Gestalten ist klar ablesbar, die Gestik auf ein Minimum reduziert; die rhythmisierende Plastizität der das Viereck füllenden und gliedernden Komposition beruht auf der ausgewogenen polyphonen Ordnung, mit der die einzelne Formen durch ihr Materialvolumen und den Grad ihrer Schattenintensität Akzente setzen.

Bednorz kam aus Berlin, aus der Meisterklasse von Professor Ludwig Manzel, und entzog sich nicht dem Flair der abendländischen Metropole am Tiber, ihrer allgegenwärtigen Geschichtlichkeit, ihrer Vitalität, ihrer Geistigkeit, ihrer mannigfachen Schönheit. Er studierte die etruskischen Terrakotten und Bronzen der Villa Papa Giulia, die capitolinische Wölfin, den Marc Aurel und immer wieder Michelangelos Werke. In einer Ausstellung, die anläßlich des fünfzigjährigen Bestehens des Königreiches Italien stattfindet, begegnet er erstmals der griechischen Kunst; Plastiken, von deren *Strenge und jungfräulichen Kraft* er begeistert ist, insbesondere von dem *wundervollen Kuros von Melos aus Athen.* 1936 ist er in Griechenland. ... *sieben Stunden hielt ich mich auf der Akropolis auf. Die Akropolis von Athen ist ein Begriff erhabener Größe wie die sieben Säulen des Apollotempels in Korinth und alle Tempelreste Griechenlands,* notiert er. Als der Achtzigjährige zum erstenmal die Säulenwälder der ägyptischen Tempel sieht, die ihn *staunen und starren* lassen, beugt er sich dem Ausdruck ihrer Monumentalität. ... *diese Reise in das Land der Pharaonen dürfte die bisher bedeutendste sein. Da bleibt natürlich und leider das schöne Griechenland weit zurück. Wenn man die Tempel Ägyptens und die Pyramiden*

*gesehen hat und dann die Akropolis von Athen betrachtet, so hat man den Ein-
druck, man sieht ein Spielzeug, natürlich ein herrliches Spielzeug,* schreibt er
dem Freunde Wolfgang von Websky.

Wann immer es zu verwirklichen geht, folgt er dem Ruf des Südens — es ist
nicht nur die Italien-Sehnsucht des Deutschen, die ihn reisen heißt, es ist die
Glückseligkeit einer erlebten Stunde, die nochmals beschworen werden soll. Er
sucht die Zwiesprache mit Bildwerken, wie er die Geselligkeit mit Menschen
nicht verschmäht. An den Kunstwerken, die einmal erschaffen sich nicht mehr
ändern, erfährt er sich selbst, seine Wandlung. Gehalt und Geschehen eines
Augenblickes ergänzen seine Beobachtungen, mehren sein Wissen; Wieder-
begegnungen korrigieren die Erinnerungen und klären das Urteil; vielleicht un-
bewußt sucht er die Summe der Beobachtungen zu steigern, denn je differen-
zierter diese sind, um so eindeutiger, klarer sind die Erkenntnisse, denen sie
zugeordnet sind und die sie vermitteln.

*

Damals, als Robert Bednorz vor dem ersten Weltkriege aus Italien nach
Deutschland zurückkehrte, war Breslau »trotz seines schweren Kulturbodens —
die Stadt in Deutschland, in der in allen Zweigen der Kunst sehr oft die ersten
silbernen Sporen errungen wurden, und in der der geistig Regsame auch auf
die Dauer zu seinem Recht kommen konnte« schreibt Hans Poelzig, als die
Akademie für Kunst und Kunstgewerbe 1932 auf Grund der Preußischen Not-
verordnung geschlossen wird. Es ist hier nicht der Ort, um auf den besonderen
Charakter der Akademie einzugehen, den sie durch die drei Direktoren Hans
Poelzig, August Endell und Oskar Moll erhielt, an der Robert Bednorz als Nach-
folger seines Lehrers Professor Schwarzburg von 1925 bis zur Schließung
lehrte. Nur eines sei erwähnt: die Breslauer Akademie war die erste, in der
Lehrwerkstätten errichtet wurden, für die Werkmeister berufen wurden und die
von den Künstlern geleitet wurden. Otto Mueller, Alexander Kanoldt, Johannes
Molzahn, Georg Muche, Oskar Schlemmer, Paul Holz, Konrad von Kardorff,
Adolf Rading, Hans Scharoun, Heinrich Lauterbach und andere lehrten gleichzeitig mit Bednorz an der Akademie. »In jenen Jahren geht es in der Kunst und
in den Kunstschulen um Systeme, um übergeordnete Verfahrensweisen, wie
zum Beispiel um die Zuordnung des Künstlerisch-Geistigen oder des sozialen
Zwecks. In diesem Zusammenhang liegt es nahe, das Bauhaus und die Breslauer Akademie vergleichend zu betrachten. — Die Tendenzen führten in der
Arbeit des Bauhauses immer mehr zu ideologischer Unterbauung, zu Gestal-
tungsgesetzen von der Funktion her, zur Bindung an moralische Verpflichtun-
gen. Kennzeichnend war die Verwendung vorgegebener geometrischer Formen
unter strikter Ablehnung des Ornaments. — In der Breslauer Kunstakademie
ging man von Fall zu Fall vom Bezug zum Menschen aus, löste die Aufgaben
aus dem Aspekt des Individuellen und bemühte sich um zeitliche Zusammen-
hänge auf Grund des kritischen Vergleichs im geschichtlichen Ablauf. Das Ziel
war, daß der Künstler eigene Lebensergebnisse zu formen vermöchte. Diesem
Prinzip entsprach die differenzierte Auswahl künstlerischer Individualitäten,

welche an der Breslauer Kunstakademie lehrten« (Scharoun, 1965). Nach der offiziellen Schließung der Akademie versuchten Molzahn und Muche, Bednorz, Rading und Scharoun den Studienbetrieb in beschränktem Umfang in sogenannten „Meisterateliers" weiterzuführen. Im Entwurf eines Lehrplanes formulierten Rading und Scharoun die Situation. »Verfall am Geiste bedeutet Verfall am Leben«, heißt es dort, und »Die Unsterblichkeit eines Volkes, d. h. seine unsterbliche lebendige Wirkung über die Zeit seines politischen und wirtschaftlichen Lebens hinaus liegt in seiner geistigen Leistung, die ohne die Kunst so wenig zu denken ist, wie ein Körper ohne seine seelische Erfülltheit«.

*

Die 1929 vom Deutschen Werkbund in Breslau durchgeführte Ausstellung »Wohnung und Werkraum« — das Thema der zwei Jahre vorher von ihm errichteten Weißenhof-Siedlung in Stuttgart fortführend — kontrastierte zu der von der Jahrhunderthalle, dem Restaurant und dem großen Bassin geprägten Achse. Knapp vierzig Bauten waren locker in den Grünstreifen komponiert, der von der Parkanlage im Nordwesten des Bassins im leichten Bogen nach Süden schwang, bis er in den Grüneicher Weg mündete. Wie in Stuttgart so waren auch in Breslau einzelne Architekten mit besonderen Aufgaben betraut. Neben anderen bauten Scharoun und Effenberger, Häusler, Heim-Kempter, Lauterbach und Wolf. Nur einen Sprung vom Grüneicher Weg entfernt stand das von Adolf Rading gebaute Wohnhaus, das statt der geplanten neun nur fünf Stockwerke hoch werden durfte. Außer Rading selbst wohnten in ihm der Schriftsteller Arnold Ulitz mit seiner Familie, der Maler und Restaurator Johann Drobek, das Malerehepaar Erich Leitgeb und Gerda Stryi, Wolfgang Kriebel, dessen Frau eine Tochter des Bildhauers Alfred Vocke war; auch Robert Bednorz wohnte dort mit Paula geb. Häusler, die er 1922 nach dem Tode seiner ersten Frau heiratete. Paula starb im Winter 1970. Im Jahre seines Romstipendiums hatte Bednorz Maria Ronke, die Tochter eines Breslauer Gymnasialdirektors geheiratet. Sie starb bereits 1919.
Im Radingschen Haus lebte ein seit Jahren gewachsener freundschaftlicher Kreis, der sich in dem von Ulitz aufgezogenen und von allen Beteiligten sehr ernst genommene Kegelklub zusammengefunden hatte. Zu ihm gehörte auch Erich Leitgeb, der alle Winkel aufspürte, in denen wesentliche und minder wesentliche schlesische Skulpturen standen oder eingebaut waren. Zur Runde gehörten auch der Bildhauer Schmitt und der Grafiker Erich Murken, Emu genannt. Gelegentlich traf man sich auch in dem von Lauterbach umgestalteten Stammhaus Kipke am Königsplatz, für das Bednorz vier kleine Reliefs aus Bischofswalder Ton modellierte mit Porträts einiger der Kegelbrüder und der Brauer — mit einer ursprünglichen Erzählfreudigkeit, die wir in dieser Unbeschwertheit sonst im Werk von Bednorz nicht finden.
Robert Bednorz las zeitweise viel — über Italien und Griechenland alles, was er erreichen konnte, über Cézanne und Gauguin. Aber er ist viel zu sehr ein Augenmensch, als daß er darüber den Umgang mit den originalen Werken der Architektur und Plastik, der Malerei und Zeichnung versäumen könnte. Er ent-

deckt die Qualitäten für sich, kehrt zu ihnen zurück und präzisiert das Erinnernswerte in seinem Gedächtnis. Er ist sicher und kritisch; Bewußtheit und Sensualität verschmelzen, wenn er Kunst betrachtend tiefkünstlerische Weisheiten meisterhaft zu formulieren vermag. Er ist kein »Gebildeter« in der landläufigen Auffassung dieser Charakterisierung, weil er sich nicht im abstrakten Gebäude des Intellektuellen bewegt. Aber er ist doch ein Gebildeter ohne jeden Standesdünkel, ein Herr, kultiviert und vom eigenen Wertgefühl durchpulst. — Er liebt die Musik — Beethoven, vor allem jedoch Brahms; wenn er selbst heiter und ausgelassen ist, hört er gerne Mozart, dessen Leben ihn in seiner Schicksalhaftigkeit immer wieder im Banne hält, wie jenes von Gauguin. Zu Gauguin bestand ein echter und niemals gestörter Kontakt, seit ihm beim Besuch der Jahrhundertausstellung 1905 in Berlin Gauguins „Geburt Christi" zum Erlebnis wurde. — Bednorz ist Oberschlesier, religiös gebunden aber nicht dogmatisch katholisch. Hermann Stehr schrieb, daß die Oberschlesier „ein besonderer Schlag Menschen" seien, „leidenschaftlicher und zugleich in sich mehr zurückgedrängt als die anderen Deutschen, freier und ungebundener, mit explosivem Ernst geladen und sorgloser". Bednorz schreibt von sich: Ja, die Sterne, die ich nachts am Firmament strahlen sah, sie nährten mein Denken und meine unbekannte Sehnsucht und an anderer Stelle: Ich bewunderte der Sonne Auf- und Untergang; wie diese schwebte mein Gemüt frei von allzu irdischer Gegebenheit im unendlichen Raum. Und dunkel hing der göttliche Mantel darüber.

In seinem biografischen Essay lesen wir: . . . vier Brüder waren wir und sechs Schwestern. — Mein Vater war Bergmann und Landwirt, der die Tauben liebte. Er versorgte auch mich mit Papier und Farben. — Meine Mutter, eine fromme Frau, war gütig, für Heiterkeit empfänglich und lebensklug. Wo sie war, bewirkte ihre Gegenwart eine Beachtung, die einer Domina würdig war. Und sie blieb doch stets bescheiden. Ihr Wesen ließ ein duldsam getragenes Leid spüren. Meine Mutter muß viel gelitten haben; sie hat zwölf Kinder geboren. Sie hat viel geweint . . .

Als man um die Jahrhundertwende auf der Straße von Gleiwitz nach Tarnowitz, an der Eisenbahnlinie Beuthen—Preiskretscham—Oppeln vorbei, zum ersten Meilenstein kam, öffnete sich dem Blick ein großartiges Panorama. Über ein weites Tal hin sah man eine endlos scheinende Waldlandschaft. Am westlichen Horizont erschien bei günstigem Licht der schöne St. Annaberg. Den ganzen östlichen Raum aber nahm eine gewaltige Erscheinung ein: es ist das feurige Feld der oberschlesischen Hochöfen und Kohlengruben mit mächtigen Rauchfahnen, die hier an der Peripherie des großen Industriegebietes sichtbar werden. Kein Haus war zu sehen so weit der Blick reichte, nur in der Niederung zwischen Getreidefeldern und Baumgruppen versteckt tauchten einige Dächer auf. Diese Ortschaft, mitten im Grünen gelegen, ist meine Geburtsstätte Pilzendorf . . . Hier verlebte ich meine Tage der Kindheit. Man ist versucht, seine Kindheit mit der des Waldbauernbuben Peter Rosegger in Verbindung zu bringen, wenn er davon spricht, wie er die Haustiere in der Nähe der Wälder hütete, deren Bäume er liebte. Aus dem Gespräch, das Bednorz mit einem Besuch in seinem Dachatelier in Wiesbaden Ende der vierziger Jahre führte, gewann jener die Einsicht, »daß eine Landschaft nicht nur das Lebensgefühl, sondern auch das Bewußtsein um künstlerische und persönliche Freiheit prägen kann. Wir nehmen das leichtere, das vorbehaltlosere Genießen, das sich durch unsere Landschaft (Rheinhessen) geradezu anträgt, als etwas Selbstverständliches, während es für den östlichen Menschen zu einem Spannungsmoment wird.« So, wie Bednorz sich das Besondere ihm wesentlicher Kunstwerke einverleibt, um es jederzeit gegenwärtig zu haben, genauso bemüht er sich, atmosphärische Erscheinungen durch die Sprache zu bewahren. *Im Jahre 1937 war ein starkes Nordlicht in Breslau zu sehen. Über dem Horizont leuchteten fächerartig farbige Lichtstäbe im langsamen Spiel in ziemlicher Breite auf. Darüber, bis zum Zenith hinaus, war der Himmel dramatisch dunkelrot gefärbt. ... Eindrucksvoller trat eine Himmelserscheinung auf, die meine Frau und ich im Riesengebirge etwa zwei Stunden vor Sonnenuntergang gesehen haben. Es war Winter. Im Halbkreis von 30 Grad Durchmesser um die Sonne leuchteten drei Nebensonnen. Diese wurden von zwei Regenbogen prächtig umspannt, und das Ganze bekrönte, aber entgegengespannt, ein dritter Regenbogen.*

Bei Bednorz ist es keine Attitüde des Künstlertums, wenn er seiner Verbundenheit mit der Antike wiederholten Ausdruck gibt. Für ihn ist die sinnliche Erfahrung, die Italien und Griechenland ihm bieten, eine Lebensnotwendigkeit. Es ist keine Frage der ästhetischen und intellektuellen Bildung, sondern das Verlangen, am anderen die Subtilität der eigenen Gestaltung zu erlangen. Er weiß, daß er dort das Maß aller Dinge, die Klarheit aller Formen, die Beseeltheit erfahren wird — Wahrnehmungen, die sich nicht mit Wort und Zahl benennen und rekonstruieren lassen. Nichts ist nur Materie, nichts ist nur Geist. Ein jedes ist Teil, notwendiger und sinnvoller Teil eines Ganzen. Dem Ganzen zugehörend bleibt jedes einzelne für sich erkennbar, lebensfähig und wirksam. Es lebt in Distanz zum nächsten. Der trennende Intervall bewirkt jedoch keine Isolierung, weil er dem größeren, echodurchfluteten Raume zugehört. Alle Sinne werden gleichermaßen sublimiert. Diese Sensibilisierung sucht Bednorz — für sich als Individuum und für seine Arbeiten. Und die Antike vereinigt für ihn erlebbar Maß und Ordnung, gestaltete Materie und ergründenden Geist, Prüfbares und Visionäres, Linie und Körper und Raum.

Wenn wir in den einzelnen Arbeiten von Bednorz das Ablesbare erkennen und das Sensitive aufnehmen, dann wird uns klar, daß sein Weg zur Antike ein anderer ist, als jene Wege, die von seinen Zeitgenossen gewählt werden. Geist und Gestalt der Antike sind das Ziel, — manche begnügen sich mit der haptischen Form — zu dem mannigfache Pfade führen. Auch für ihn geht es um die Form, um die Proportionen der Teile innerhalb der Gestalt und im Raum; auch er wägt die Kraft der Volumen, damit ihre Konturen nicht nur das Einzelne umgrenzen, sondern damit sie mit den von ihnen überlagerten oder überschnittenen Konturen anderer Volumen harmonieren. Und zieht das Auge nicht die räumlich getrennten Konturen zu einer neuen, nur aus einer bestimmten Richtung und in einem bestimmten Winkel wahrnehmbaren Form zusammen? Dies bedenkt Bednorz wie jeder kritisch und bewußt modellierende Bildhauer.

Es verlockt, seine Plastik »Sitzender weiblicher Torso« aus der Mitte der zwanziger Jahre mit der »Leda« zu vergleichen, die Maillol zu Beginn des Jahrhunderts modellierte. Die optische Verwandtschaft der beiden Plastiken ist offensichtlich, und man könnte noch eine weitere Kleinplastik, eine ähnlich Sitzende von Hans Wimmer hinzunehmen, die Ende der vierziger Jahre entstand. Bei Maillol die sinnliche Erfülltheit einer in mediterraner Klarheit beruhigten Gestalt; eine in leicht kreisender Bewegung gerundete und vollendete Erscheinung, deren gespannte Oberfläche behutsam zu Buckeln anschwillt. Bei Bednorz der Torso als selbständige Form des plastischen Daseins; eine offene Komposition durch die verschiedenen Richtungsachsen ihrer Teilformen — der Armstümpfe, der Schenkel, der Schultern und Kopfhaltung. Sie sitzt, als läge ihr rechter Unterarm auf dem Schenkel des angezogenen rechten Beines, während die linke Hand sich hoch in die linke Seite stützt, der Kopf ist geneigt und zur Seite gedreht. Die Oberfläche, an der sich für Bednorz das »plastische Leben« dokumentiert, ist kontrastreich und differenziert; Endgültiges und Angedeutetes, großzügig Geformtes und minutiös Ertastetes. Man könnte von einer linearen Geschlossenheit sprechen, die sich aus der Abfolge verschiedener statischer Konzeptionen ergibt. Überwiegt bei Maillol die kreatürliche Sinnlichkeit, so ist es bei Bednorz die Musikalität, die Polyphonie. Bednorz hat die Musikalität der antiken Kunst erlebt, weil er selbst musikalisch ist und aus der Gestimmtheit der Schwingungen, aus den Valeurs der Klangkörper seine bildnerischen Imaginationen empfängt. Ist es bei Maillol ein Hinübergleiten von Form zu Formen, so ist es bei Bednorz ein bewußt kontrapunktisches Komponieren, einer immanenten Gesetzmäßigkeit folgend, wie wir sie aus der Fuge und der Symphonie kennen. Der »Geist der Musik«, der Geist der antiken Statuarik gilt auch für das Oeuvre des um wenige Jahre älteren Richard Scheibe. Bednorz reagiert intuitiv auf die Substanz dessen, was wir mit »Antike« bezeichnen; nicht die vertrauten formalen Erscheinungen sind es, die summa summarum jeweils Varianten des Wesentlichen sind, das nur mittelbar verstehbar und wahrnehmbar ist. Gibt es das »Antike« schlechthin, oder sind nicht vielmehr die Manifestationen den Dialekten vergleichbar, weil das, was wir als Sprache bezeichnen, ja ebenfalls immanent ist und der Wandel der Sprache uns verdeutlicht, daß sie niemals »endgültig« ist — in ihrer Sinnprägung, in ihrer Sinnbedeutung.

Klang, Volumen, Farbe, Linie — sie gehören zu den Synonymen des Irrationalen, das wir mit dem Begriff vom schöpferischen Geist des Menschen umschreiben. Hier ruhen Möglichkeiten der wohl kaum detaillierend zu benennenden Verwandtschaft, Ergänzung, Gegensätzlichkeit der Künstler. Wenn die Kompositionen von Johannes Brahms gewichtige Bedeutung für Robert Bednorz gewinnen, dann könnte dieses auf eine künstlerische Wesensverwandtschaft der beiden hinweisen: beide bemühen sich, die immanente Harmonie ihrer Welterfahrung in den Werken wahrnehmbar, sichtbar, hörbar zu machen, die differenzierende Rhythmik und die motivische Dichte zu einer einprägsamen Klarheit zu verschmelzen — mit der Selbstverständlichkeit des Liedhaften. Und so, wie die Innigkeit und der Formensinn im einzelnen Werk zur Deckung gebracht die Kompositionen des einen und die Plastiken des anderen auszeichnen, so erfüllt auch beide die gleichgestimmte Weltfrömmigkeit. Und jeder von ihnen beschwört in seinen Arbeiten das, was wir als »klassisch« bezeichnen.

Jedoch gerade jenes, welches wir aus der optischen Erinnerung und der ihr verhafteten Vorstellung mit dem Begriff »klassisch« in Verbindung setzen, fehlt als Formausdruck den Plastiken von Bednorz: die idealisierte menschliche Gestalt. Wohl lauscht dieser Bildhauer der Sprache eines Phidias, Praxiteles, Polyklet, aber er kann sich ihrer nicht bedienen. Ihm ist die Archaik des Mittelmeerraumes näher, durch deren Strenge und Reduzierung des Mannigfachen zum Zeichenhaften unserem Jahrhundert unerwartete Impulse und Korrekturen des ästhetischen Anspruchs gegeben wurden. Bednorz geht es nicht um die anatomische Richtigkeit sondern um die Rhythmik der Bewegung und des Bewegtseins, in der jede Form einen festgefügten und in sich abgerundeten Part behauptet.

Spüren wir dem in der Plastik »Liegende« nach, die der fast Siebzigjährige Bednorz modellierte, einer Plastik, die blockhaft Gelagertes mit der zwiefachen Akzentuierung gipfelgleichen Aufgerichtetseins und richtungbetonenden, zentrifugalen Vorstoßens in den Raum verbindet. Ruhe und Dynamik, Raum und Fläche werden als einander gegensätzliche Konzeption in einer Figur zueinander geführt, den Dualismus im Menschen selbst bildnerisch — nicht physiognomisch oder agierend — aufgreifend. Durch die Qualität und Valeurs der aufeinander abgestimmten Volumen wird der Dialog entzündet, der die bestehenden Kontraste ausgleicht. Meinen wir nur nicht, diese Plastik sei leicht zu überschauen, sondern vergegenwärtigen wir uns ihre motivische Dichte, prägen wir sie uns ein! Wir werden erstaunt sein, daß die scheinbare Stille sich aus der Summe spannungsreicher Details ergibt. — Die auf die äußeren Fußkanten und aufeinander gesetzten Füße bilden einen Block, aus dem die angezogenen Unterschenkel als betonte Richtungsachsen in den Raum steilen, nicht parallel geführt, sondern in abgewandelter Horizontale und Vertikale zueinander gewinkelt. Die Diagonale des linken Unterschenkels wird optisch vom rechten Oberarm aufgenommen, so wie die Senkrechte des linken Oberschenkels die Kontur der über dem Kopf verschränkten Unterarme vorbereitet. Die Geste des Verschränkens deuten auch die Beine an, deren raumausweisende Stellung findet ihre Auflösung im Relief, das durch den Kopf und die ihn rahmenden Arme und Brust gebildet wird. Durch die Haltung der Gliedmaßen wird der Rumpf vom Gelagertsein zum Sichaufstützen gedreht. Die weitläufig gespannte Kontur des sich vom Raum abhebenden Körpers begleitet die wellengleiche Modellierung der sich der Grundfläche anschmiegenden Muskulatur. Die durch die Beine aktivierte Räumlichkeit wird durch das in sich geschlossene und beruhigte Kopf-Arme-Brust-Motiv aufgefangen und aufgehoben. Konzentriert sich unsere Aufmerksamkeit dort auf das Großformatige, so hier auf das in der Modulierung präzisiert Minutiöse. Es hieße, die Kraft der Intuition und Musikalität des Künstlers mißdeuten, wollte man eine solche Komposition — mit zwei in der Anlage konträren Gestaltungsmaximen — als Konstruktion bezeichnen.

Die von uns in den Plastiken von Bednorz feststellbare Formlogik ist nicht das Ergebnis eines Wollens, sondern der intuitiven Anwendung unterschiedlicher Detailgestaltung. Er ist kein analysierender und konstruierender Bildhauer, sondern formt aus der körperhaften Rhythmik heraus, die Intervalle fordert, Ak-

12

zente setzt, Entfaltung begünstigt, eine Rhythmik, die Aufklingen und Ausschwingen, Einsatz und Abschluß kennt. Bednorz will ja nichts beweisen, er bringt ja keine Auflösungen im Sinne der mathematischen Beweisführung. Er ringt um die Präzision einer Form, aber sie ist nicht das Ziel schlechthin, sondern sie muß klar sein, damit transzendieren kann, dem die plastische Form dient. Indem wir die Form sehen und tastend begreifen, begeben wir uns in das Fluidum ihrer wesenhaften Substanz.

Den angesprochenen Dualismus innerhalb der einzelnen Figuren, den wir auf die divergierende bildnerische Konzeption zurückführen können, und der nichts mit der illusionistischen Steigerung eines Motivs im Barock vom Gemalten über das Reliefierte zum Vollplastischen zu tun hat, kennen wir aus den Werken verschiedener Bildhauer unseres Jahrhunderts. Beschränke ich mich auf jene, für die das Studium, die Erkenntnis und die Interpretation entscheidender Begriffe an die Gestalt des Menschen gebunden ist, um den Symbolcharakter ihrer bildnerischen Materialisierung verständlich zu machen, so denke ich besonders an einzelne Skulpturen von Waldemar Grzimek und Gustav Seitz.

Wenn Bednorz bei der Betrachtung von Bildern, Plastiken und Architekturen sofort die neuralgischen Punkte benennen kann, dann geschieht das nicht aus der geschulten kritischen Verhaltensweise, sondern aus der Rhythmik des betreffenden Werkes, in die er sich hineinversetzt. Gerade seine Schüler haben es immer wieder erfahren, mit welch einer liebevollen Härte er, ohne eine Verlegenheit zwischen Lehrendem und Lernendem aufkommen zu lassen, die notwendige Kritik treffend formulierte; und er tat es ohne Umschweife. Diese Sicherheit bestätigt jeder, der mit ihm über Kunst und Künstlerisches sprach. Bednorz beobachtete die mannigfaltigen Tendenzen der zeitgenössischen Malerei und Bildhauerei, aber nur wenig wird von ihm aus den Experimenten der anderen oder deren schicksalhaft notwendiger Gestaltung reflektiert. Nur gelegentlich stimmt er in die Formensprache der Zeit mit ein, ohne von ihrer Syntax gewandelt werden zu können. So zum Beispiel bei der aus Muschelkalkstein geschlagenen männlichen Figur, die 1916 entstand und am Brückenkopf des Breslauer Kraftwerkes an der Oder Aufstellung fand. Die kubistische Orientierung flächenhafter und starkkantiger Blöcke ist nur bedingt erkennbar, sie wird von der schwingenden Silhouette der Gestalt überlagert.

Und wenn Bednorz in den letzten Jahren, seitdem er nicht mehr modelliert und sich intensiver mit der Zeichnung, der Linie und Fläche beschäftigt, vielfältige Studien über das Werk von Picasso trieb, dann ist doch nichts davon in seine Arbeiten eingegangen, denn das Studium bedeutet Exerzitien, die Einsichten vermitteln aber keine Regeln oder Formvokabulare noch Kompositionsschemata festlegen.

*

Robert Bednorz gehört weder zu den systematisch noch zu den geregelt arbeitenden Bildhauern. Der Tag beginnt für ihn meistens erst mittags; abends wird viel gearbeitet, zuweilen noch mehrere Stunden nachts. Er braucht die Stille, um sich konzentrieren zu können, um seine Imagination mit der sinnlich erlebten Wirklichkeit verschmelzen und im Ton materialisieren zu können. Er, der im geselligen Kreise von fröhlicher Beschwingtheit sein kann, ein bezaubernder Causeur ist und geistreich pointierend mit melodischer Stimme spricht, er arbeitet mühsam, schwer und langsam. August Grisebach, der bis 1930 Kunsthistoriker der Breslauer Technischen Hochschule war und in seinen Forschungen unter anderem das Wesen und die Wesensmerkmale der Kunst der deutschen Stämme und Landschaften herauskristallisierte, schreibt vom »Schwerflüssigen« des Schlesiers. Bednorz stellte die Figur nicht aus sich heraus, wie es Georg Kolbe konnte, dem die Arbeit leicht von der Hand ging. Mit der plastischen Skizze tönt er Möglichkeiten der endgültigen Gestalt an, deren Formulierung das Ergebnis eines sorgsam geführten Dialoges ist. Kann die Vielheit der Sinneswahrnehmungen ihn auch sonst ablenken — Staunen erfüllt ihn *über die Formen der Körper, die ihre sinnvolle Erscheinung mit der Schönheit so rätselhaft vereinigen* — während der Arbeit ist er konzentriert. Durch mehrere Stunden steht er dann gestrafft vor dem Modellierbock, die Beine dicht beieinander, bereit zum gertenschnellen Schritt auf die Plastik zu. Mit feuchtem grauen Tonklümpchen in der einen, dem Spachtel in der anderen Hand tastet das Auge die Form ab, keine Stelle bleibt unbeachtet, jede wird auf ihre Situation und ihren Wert für das Ganze geprüft. Das Detail soll ja nicht nur stimmen, es soll ja auch seinen spezifischen Part innerhalb der Figur bekommen und wahren. Das Auge mißt und vergleicht, das kritische Bewußtsein erarbeitet die Synthese aus sinnlicher Wahrnehmung und geistiger Substanz, aus individueller Prägung und idealisierender Vorstellung. — Mit einem Satz ist Bednorz an der Plastik, die Finger drücken den Ton an, gleiten über die feuchte Masse — er springt zurück, wieder das wache, lauernde Stehen und Vorschnellen; korrigieren, präzisieren, entfalten — bis die Kraft erlahmt oder die Figur fertig ist. Aber er kann auch zerstören, ohne dem Unwiederbringbaren nachzutrauern.

Sein Material ist der schmiegsame Ton, der auf den geringsten Druck reagiert. Genauso sucht er sich in den späten Jahren sein grafisches Medium. Hatte er in den Breslauer Jahren bereits aquarelliert, so bevorzugt er seit ungefähr 1950 farbige Kreiden. Holzkohle ist ihm bereits zu hart und die in verdünnte Tusche getauchten weichen Hölzer sind ihm nicht variabel genug und verführen zu einer pointilierenden Technik. Es gelingt ihm, das Atmosphärische einer Landschaft oder einer Architektur mit den weichen Kreiden auf das Blatt Papier zu bannen. Die historische Situation der Tempelbauten von Selinunt auf Sizilien oder der Caracalla-Thermen wird zurückgedrängt, um die Verzauberung des Steines durch seine Verwitterung während der Jahrhunderte sichtbar zu machen. Feinste Strichlagen bringen die Fläche zur Schwingung, wenige schmale, wie Schatten dämmernde Linien gliedern das Blatt. Es entsteht eine Räumlichkeit im Geheimnisvollen und Entrückten — spinnwebzart und verletzbar; nirgends eine greifbare Realität, kein Abbild der Wirklichkeit, nur ihr Schatten; in sich ruhend und ungestört von Menschen und Tieren, Vögeln und Pflanzen. Diese Architekturzeichnungen sind weder kristallinisch, wie jene von Feininger, noch linear verschlüsselt, wie die von Ben Nicholson, oder Chiffren zwischen Spiel und Wirklichkeit, wie Karl Kunz Architekturen deutete. Von den grafischen Architektur-Blättern, die Robert Bednorz in den fünfziger und sechziger Jahren schuf, geht eine subtile Faszination aus: das architektonische Detail taucht aus einer durchlichteten monochromen Fläche auf, es sind wenige, betontere Linien und Flächen, die den Charakter des Architektonischen knapp anklingen lassen.

Die Sensualisierung der Valeurs und die Sicherheit in der Wahl des Ortes und der Form, um einen Akzent zu setzen, wie wir sie den Zeichnungen ad hoc entnehmen können, entdecken wir auch an den Plastiken. Ein Quäntchen Ton genügt, um eine Form zu intensivieren, die Oberfläche zu spannen oder ihre Bewegung zu hemmen. Bednorz sagt, daß das plastische Leben nur an der Oberfläche einer Form sichtbar werden kann. Wie deren einzelne Partikel aufeinander abgestimmt werden und die tastbare Gestalt organisieren, daraus entwickelt sich die Physiognomie des Plastischen. Was sich zwischen Helligkeit und Dunkelheit an der Oberfläche abspielt, bedingt von der manuellen Behandlung des Materials, erzeugt die für die jeweilige Plastik charakteristische farbige Tonigkeit. Man könnte vom Impressionistischen in der Kunst von Bednorz sprechen, wenn man dabei nicht an die flockige, lichtreflektierende, konturzerstörende und formauflösende Diktion denkt, die der fast gleichaltrige Georg Kolbe in seinen Porträts des Malers Max Slevogt und des Theologen Adolf von Harnack anwendete.

In welchem Maße Zeitgeist, Zeitdeutung und Zeitstil auf die Porträtkunst Einfluß nehmen, gehört zu den stets von neuem gestellten Fragen an den Künstler wie an den Betrachter. Denn diese drei Faktoren können die Physiognomie, die Körperlichkeit und die Wirkung des Dargestellten entscheidend nüancieren. Und jede Schilderung eines Menschen — sei dies nun durch das Wort, die Plastik, Farbe oder Linie — gibt einen Eindruck, eine Wirkung, eine Wahrnehmung der betreffenden Persönlichkeit wieder. Eckermann schreibt in der Vorrede zu seinen Gesprächen mit Goethe: » ... dies ist mein Goethe. Und dieses Wort dürfte nicht bloß davon gelten, wie er sich mir darbot, sondern auch besonders davon, wie ich ihn aufzufassen und wiederzugeben fähig war. Es geht in solchen Fällen eine Spiegelung vor, und es ist sehr selten, daß bei dem Durchgang durch ein anderes Individuum nichts Eigentümliches verloren gehe und nichts Fremdartiges sich beimische.«

Bednorz ist ein passionierter Porträtist seit jener frühen Reliefplatte des Fürsten von Donnersmarck und des Generalfeldmarschalls von Waldersee, die 1903 entstanden. Ihn fasziniert die in der Physiognomie und im Schädelbau wirksame Individualität, deren Form und Ausdruck, Stetigkeit und Wandlung vom sich nur mittelbar äußernden Leben geprägt werden. Und es ist durchaus möglich, daß Robert Bednorz seine Bildnisse mit dem ihm eigenen musischen Esprit erfüllt und sie in der Welt der verletzbaren Harmonie beheimatet. Er sucht die fruchtbare Situation, in der sich das Gegenüber ihm zu erkennen gibt. Er wartet.

Im Winter 1931 steht er im Faberhaus in Schreiberhau vor Hermann Stehr, dem »schwer ringenden Grübler« (C. F. W. Behl), dessen Unvergleichliches Martin Buber in der Verbindung eines »echten Mystikers mit einem echten Erzähler«

15

fand, dessen »Mission die jedes echten Dichters sein müsse, die Menschen zur Selbstverantwortung zu erziehen" (W. von Molo). Bednorz notiert: ... *die schönen Ohrspiralen, der gesenkte Blick, aus den Winkeln des Mundes zuweilen der überirdische Stolz, die Wehmut, die steigenden und stürzenden Wetter der Tage und darüber, zauberhaft schlicht vom hellen Haar umwellt die brausende Stirn. Die Stirn, die alles ordnete, allen Stürmen die Bahn zu ebnen suchte oder, wo es nicht ging, auch ihre Verwüstungen gelten ließ, bereit, allen zu folgen: den Liebenden, den Hassenden, den Mächtigen, den Elendsten und den Ärmsten der Armen, um ihrer Not nahe zu sein, den Gang ihrer Not zu begleiten, bis in das stumme Verwehen hinab ... Am dritten Tage, als der Abend nahte, arbeitete ich in der gewohnten Weise. Meine Schritte vor dem Tisch, an dem der Dichter schreibend saß, wiederholten sich bald ruhig, bald heftiger; die Kreise an der Arbeit wurden immer kleiner, an einzelnen Formteilen ruhten bereits die Punkte. Es gibt ihrer viele, die als unsichtbares Netz die Formen umspannen. Je sinnvoller sie sich ergänzen, um so lebendiger ist ihre Wirkung im kleinen wie im großen, wie die Gestirne am Firmament. An diesem Tage, als die Arbeit sich dem Ende zuneigte, trat ein unerwartetes Ereignis ein: der Dichter, der bisher zwar beschwingt aber nicht sonderlich erregt war, erhob sich in einer Aufwallung inneren Ergriffenseins, schritt in die Nähe zum Fenster mir gegenüber, den Blick in die Ferne gerichtet — es war ein völlig neues Wesen, das da vor mir stand. Der Schreck entzündete meine Sinne und ließ mich ein Urbild sehen — in ein gigantisches Ausmaß gesteigert, erhellt vom Eigenglanz — stand hier ein anderer Stehr — wie ein erratischer Block vor dem Tor des Ewigen — ... Ich rang meine Arme; ich hatte Mühe nach diesem ungewöhnlichen Vorgang, meine Arbeit fortzusetzen, sie zu beschließen ... Das verwandelte Bild verließ mich nicht mehr. Unter seinem Ausdruck, der sich meinem Bewußtsein eingeprägt hatte, entstand später die zweite Fassung, die ich in Breslau ausgeführt habe. Sie war der Niederschlag nicht einer Vision, sondern der seltenen Erscheinung des Dichters, wie sie wohl nur wenigen zu erleben gegeben war.*

Mitte des Jahrhunderts modelliert Bednorz Gerhart Hauptmann, der wenige Jahre vorher gestorben ist. Es ist nicht die erste und nicht die einzige Porträtplastik, die er aus der Vorstellung, nach Schilderungen und vertrautmachendem Studium der überlieferten Zeugnisse und Bildwerke gestaltet. Wir erinnern uns der Bildnisse dieses schlesischen Dichters, der »dem realistisch-naturalistischen Zeitgeist seine dichterische Gestaltungskraft lieh und sich der sozialen Frage annahm, die das Zeitalter der Technik in den schlesischen Industriebezirken mit revolutionärer Eindringlichkeit stellte« und in dem »die irrationale Sehnsucht nach dem Erkennen des Hintergründigen, der Offenbarung des Göttlichen wirksam war, die Mystik und Symbolik erheischt« (Luchtenberg). Bednorz gibt seinem Hauptmann einen Ausdruck, wie er fast gleichzeitig vom langjährigen Sekretär des Dichters, von Erhart Kästner im »Zeltbuch von Tumilad« geschildert wurde. » ... Wie sein Blick zu trösten vermag. Es ist wie wenn man sagt: liebe Linde! lieber Berg! lieber Fluß! ... Sein Blick geht fernhin. Dies Auge ist für die Ferne gemacht. Ein gefälteter Blick. Blick kleinster Pupillen in hellblauem Aug. Dennoch ist etwas von Wegschauen darin. Auge, das ein Leben lang den Blick der Medusa auffing . . . Antlitz, purpurdurchwellt vom Wein. Greisenmund, welcher spricht, was man behält und vergißt . . . Weisheitsmund, dunkler Orakelmund, aus dem Schwerdurchdringliches kommt. Mund wie zernagt. Ergreifender Mund, Lippen ohne Begrenzung . . . Antlitz, das einmal jung war und beinah ein Jahrhundert bestand. Wangengruben, in denen Jugendtage sich hielten wie kleiner Schnee im Gebirg. Zeit ist nicht Zeit. Was gestern war, ist in diesem Antlitz noch heut. Was dazwischen war, scheint wie die Schlaflosigkeit einer einzigen Nacht. Weichstes Antlitz. Wasserspiegel über unergründlicher Tiefe, woraus geschöpft und geschöpft worden ist. Antlitz, Gegenteil dessen, was Maske ist. Als wenn nach immer noch einer abgenommenen Maske eine letzte abgelegt wird. Antlitz wie das, was dann ist. — Stürmen gebotene, Stürmen weichende Stirn. Endlos sich wölbende Stirn: so viel Raum, und doch nicht genug, um alle Zeichen des Schmerzes, Fragens, Beschwörens darauf niederzuschreiben.«

Als Bednorz zu Beginn der dreißiger Jahre den »deutschen Ovid aus Striegau«, den Arzt und Dichter Johann Christian Günther (1695–1723) in einem Bildnis zu formen beginnt, da ist er ganz auf das dichterische Werk, die literarische Biografie und das kritische Wort der Zeitgenossen und Nachfolgenden angewiesen. Und es steckt zu viel vom Wesen dieses Menschen, dieses »ersten großen Bekenners des nackten Herzens«, wie ihn Herbert Cysarz charakterisiert, in dem Bildnis, um es als »Idealbüste eines jungen Dichters des 18. Jahrhunderts« verallgemeinern zu dürfen. Über J. Chr. Günther schreibt Goethe in »Dichtung und Wahrheit«: » . . . begabt mit Sinnlichkeit, Einbildungskraft, Gedächtnis, Gabe des Fassens und Vergegenwärtigens, fruchtbar im höchsten Grade, rhythmisch bequem, geistreich, witzig und dabei vielfach unterrichtet; genug er besaß alles, was dazu gehört, im Leben ein zweites Leben durch die Poesie hervorzubringen, und zwar in dem gemeinen wirklichen Leben. Wir bewundern seine große Leichtigkeit, in Gelegenheitsgedichten alle Zustände durchs Gefühl zu erhöhen und mit passenden Gesinnungen, Bildern, historischen und fabelhaften Überlieferungen zu schmücken. Das Rohe und Wilde daran gehört seiner Zeit, seiner Lebensweise und besonders seinem Charakter oder, wenn man will, seiner Charakterlosigkeit. Er wußte sich nicht zu zähmen, und so zerrann ihm sein Leben wie sein Dichten . . .« Nicht das Flüchtige, sondern das Wesentliche wollte er vergegenwärtigen und wußte seine scharfe Beobachtung des Lebens und seiner eigenen Empfindungen klar darzustellen. Es wird berichtet, daß er weinte, wenn sein Drang nach schöner Gestaltung sich nicht in makelloser Formschöne erfüllte, und daß er sich oft alle Schicksale Ovids wünschte, wenn ihm nur mit dem Leid auch die Gabe des Klagegesanges beschert werde.

. . . Abermals ein Teil vom Jahre,
Abermals ein Tag vollbracht;
Abermals ein Brett zur Bahre,
Und ein Schritt zum Grab gemacht;
Also nähert sich die Zeit
Nach und nach der Ewigkeit;

Also müssen wir auf Erden,
Zu dem Tode reifer werden.

Dies sind die erschütternden Worte Johann Christian Günthers, des tragischen Jünglings in der Literatur, die den Ausdruck bei der Gestaltung seiner Büste meine Hand bestimmend geführt haben, schreibt Robert Bednorz im Mai 1964, als der schon über achtzig Jahre alte Bildhauer nochmals eine Büste dieses Dichters vollendet hat. Bereits dreißig Jahre vorher hatte er sich mit der Persönlichkeit und dem Werk dieses Dichters beschäftigt, um ein Bildnis zu gestalten, das genauso wie sein erstes und zweites Stehr-Porträt allem Anschein nach während des Krieges verloren ging. So, wie er nach dem Kriege nochmals Hermann Stehr modellierte, schuf er einen neuen Johann Christian Günther. Und es ist nicht uninteressant, wie sich die Formensprache in den Jahrzehnten gewandelt hat. Die frühere Arbeit ist kontrastreicher und von vibrierender Oberfläche, die spätere ist bis in die Sockelform des Halses straffer, wirkt breitflächig und ruhig, während die ältere gestreckter ist und nervöser im Ausdruck wirkt. 1934 ist der Haaransatz kräftig und setzt sich von der Stirnwölbung klar ab, 1964 ist er weich, linear und schwingt mit der Stirnform; damals waren die Augenbrauen ein behutsam modellierter Grat, der die weich modellierten Übergänge von der Stirn in die schweren, wie Kappen vorkragenden Augenlider kreuzt, um sich in der Schläfe aufzulösen. In der späteren Arbeit sind die Brauen kräftig schwingend modelliert und umgrenzen die Augenhöhle im Halbrund bis zu den Jochbeinen. Während bei dem früheren Bildnis der Nasenrücken von einer klaren S-Form geprägt ist, wird er nun begradigt. Eine ähnliche Straffung und Konzentrierung auf den großen Zuschnitt der Flächen, Buckel, Mulden, Grate und Kerben — bei aller Differenzierung der rhythmischen Beziehungen von Form zu Form, von Linie zu Linie — bietet der Vergleich der Bildnisse von Hermann Stehr.

Sehr zu bedauern ist es, daß wahrscheinlich drei Bildnisse von Bednorz während der Kriegswirren verloren gingen, wenigstens konnte ihr gegenwärtiger Standort bis heute nicht ausgemacht werden, die zu den eindrucksvollsten Arbeiten des Bildhauers gehören und für die Zeitgeschichte wichtig wären. 1922 modellierte Bednorz den Reichspräsidenten Friedrich Ebert. Diese Bronze wurde für die damalige Nationalgalerie in Berlin erworben. Im darauffolgenden Jahre war er der erste deutsche Bildhauer, der den italienischen Ministerpräsidenten Benito Mussolini porträtierte (ehem. Sammlung Dr. Bohn-Breslau). *Weil ich Ebert und Mussolini in ihrer unterschiedlichen Natur erlebt habe, trieb es mich, auch Lenin zu zeichnen, den dritten Exponenten der Zeitpolitik. Ich haben ihn jedoch nie gesehen.* Ein Bronzeguß des Lenin-Kopfes befand sich in der Sammlung des Breslauer Rechtsanwaltes Dr. Littmann. In seinem 1960 gedruckten biografischen Essay schreibt Bednorz: *In den zehn Stunden meiner Arbeit im Palazzo Chigi haben sich verschiedene Überlegungen eingestellt. Es ist verständlich, daß Erscheinungen wie Ebert und Mussolini Unterschiede aufweisen mußten. Aber etwas hatten sie auch gemeinsam, die Art, angeborene Anlagen anzuwenden. Bei Ebert waren die Impulse zurückhaltend, aber natürlich und offen. Die freiere Natur Mussolinis zeigte ein apollinisches*

18

Strahlen bis auf einen auf Härte deutenden Zug an seiner rechten Ge-
sichtsseite von Nase zu Mund. Seine Stirn blieb oft kalt, auch wenn er
lächelte. Sein Mund war keine Sphinx. Bei Ebert ballte sich fast alles in der
robusten Stirn eines aufrichtigen Wesens zusammen. Vielleicht konnte er sich
bis zum schlimmen Schaden beherrschen. Das konnte man bei einem dra-
matischen Telefongespräch mit einem hohen Offizier nach dem Kapp-Putsch
an seiner Stirn deutlich sehen. ... Die Kraft der Menschen, die Geschichte
machen, ist ein Magnet, dem sich wohl niemand entziehen kann. Diese Kraft
bestimmt die Impulse, und sie hat ein Geheimnis — das größte, das wir ahnen.
Ihre Spur als Zeugnis ist im Geschichtsbild ebenso eingegraben wie das Rinn-
sal im Fels. Von dieser Kraft berührt, schlägt das Herz der Einsamen: der
Königspriester und Propheten, der Götterbildner und der Meister der großen
Musik ...

✳

Der zweite große Krieg näherte sich seinem Ende ... Der Tag kam, an dem
auch ich die Stadt verlassen mußte ... Als ich am Morgen die Tür aufmachte,
winselte ein Hund davor. Ich legte ihm alle meine Lebensmittel unter die
Bank hin, verschloß die Tür und verließ das Haus. Ich sah keinen Menschen,
über Nacht war Schnee gefallen, und die Natur glich einer Mondlandschaft.
Mit zwei mittelgroßen Handkoffern ging ich zur Paßbrücke und bestieg an der
anderen Seite die Straßenbahn ... Nach einem Jahr Lagerdasein in Wemding,
Moschendorf, Ansbach und Murnau erhielten meine Frau und ich die Auf-
enthaltsgenehmigung für Wiesbaden.
Hier entstand das kleine Modell eines Mahnmals: Bombenangriff. Die Skizze
steht ganz für sich innerhalb des Oeuvres und hebt sich von den bis dahin
geschaffenen Plastiken wie auch von den noch folgenden ab. Geblieben ist
die Harmonie der Proportionen, die architektonische Gliederung, die Nüancie-
rung der Schatten. Ein imaginärer Block umschließt die Doppelform. Der zwei
Fünftel der Höhe füllende Sockel gibt den Raum an, den die mit ihm ver-
wachsene Doppelform ausfüllt: ein tief gebeugter Mensch mit schlaff herab-
hängenden Armen, auf dem ein Joch zu lasten scheint — daneben eine zweite,
wie aus einem Trichter aufwärts blickende und die Hände emporhebende
Gestalt. Der Körper ist flächenhaft und in breiten, sich wie suchende Licht-
bahnen von Scheinwerfern überlagernden Ebenen geschnitten. Im Gegensatz
zu dieser beruhigten, architektonischen Gestaltung der Körper wirken die
Arme wie Synonyme fallender Bomben. — Auf der Rückseite das filigrane
Relief des brennenden Frankfurt am Main.
Eindringlich, ohne Pathos, keine Literatur und doch allen, die es je erlebten,
verständlich.
Über seinem Schreibtisch in der Breslauer Wohnung hatte Bednorz ein Blatt
aus der Apokalypse von Dürer: die Gottesvision mit den sieben Leuchtern und
den sieben Sternen. Die Darstellung beschäftigte ihn, sie verbarg Geheimnis-
volles. Er sinnierte. Mit diesem Blatt war das Apokalyptische ihm stets gegenwärtig. Es begleitete ihn — durch die Erlebnisse des Krieges, die nachfolgen-

den Jahre, in der Skizze für das Mahnmal, das eine demütige Kreatur neben ihrer zerstörerischen Erfindung zeigt.

1967 schreibt Robert Bednorz: *Tief liegen die Fundamente unseres Daseins, aber die Größe des Menschengeistes und die Macht sind n i c h t unbegrenzt. In seiner Hand besitzt er die furchtbare Fähigkeit, eine Weltkatastrophe auszulösen. Die Folge wäre, bliebe der göttliche Finger still, das apokalyptische Schweigen.*

Die im Text kursiv gedruckten Zitate sind entnommen
Robert Bednorz: Biographischer Essay in »Mitteilungen des Beuthener Geschichts- und Museumsvereins« Heft 21/22, 1960, Seite 98—115

Abb. 1   *Bacchantenrelief* (Rom-Preis)
Gips, 1910

Abb. 2 *Schauende*
Muschelkalkstein, Höhe 210 cm, 1916
Breslau, Brückenkopf des Kraftwerkes an der Oder

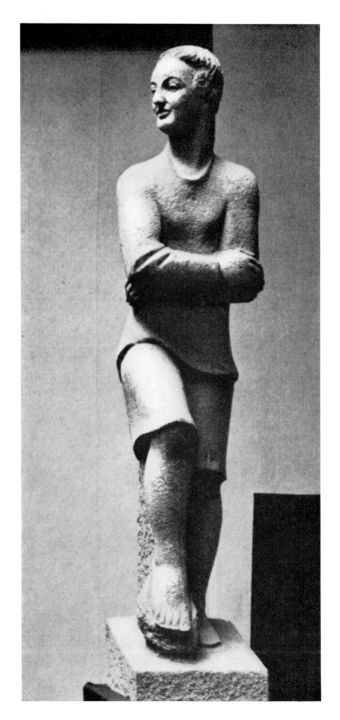

Abb. 3   *Symbolfigur*
Porphyr, 1927, Hindenburg/OS, Schule

Abb. 4   *Symbolfiguren*
Porphyr, 1927, Hindenburg/OS, Schule

Abb. 5 *Rosselenker*
Muschelkalkstein (Gipsmodell), (1925), Breslau, Regierungspräsidium

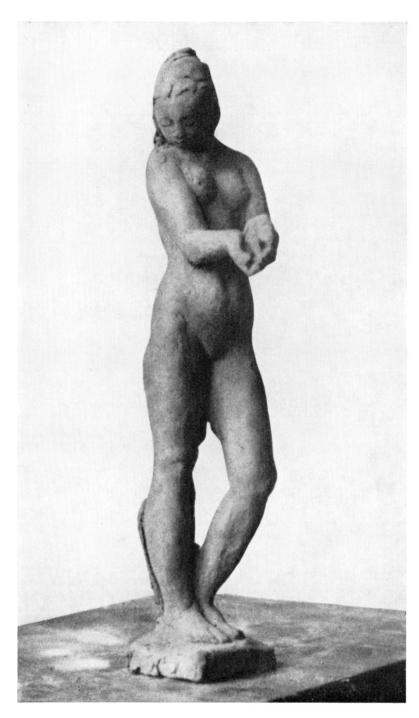

Abb. 6 *Mädchen*
(Gipsmodell), (1920)

Abb. 7 *Sitzender Torso*
(Gipsmodell), 1924

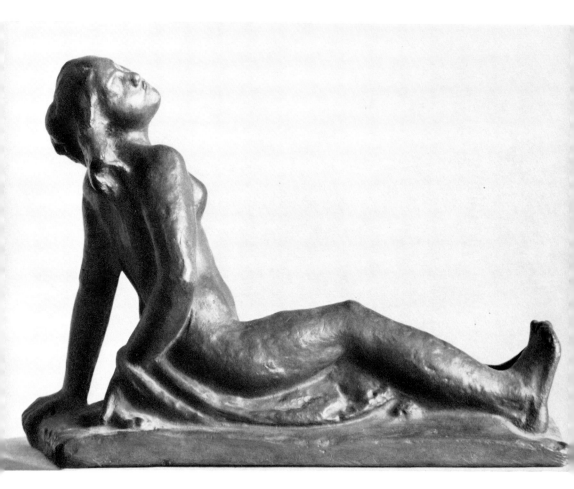

Abb. 8 *Sich Aufrichtende*
Bronze, Höhe 14,5 cm, (1925), Wiesbaden, Städt. Sammlung

Abb. 9 *Singendes Mädchen*
Bronze, Höhe 17,8 cm, 1916, Regensburg, Ostdeutsche Galerie

Abb. 10 und 11 *Kleine Schauende*
Bronze, Höhe 25,8 cm, 1919, Regensburg, Ostdeutsche Galerie

Abb. 12 und 13   *Kleine Schauende*

Abb. 14   *Liegende*
getönter Gips, Höhe 21 cm, (1950), im Besitz des Künstlers

Abb. 15   *Liegende*

Abb. 16   *Liegende*

Abb. 17   *Liegende*

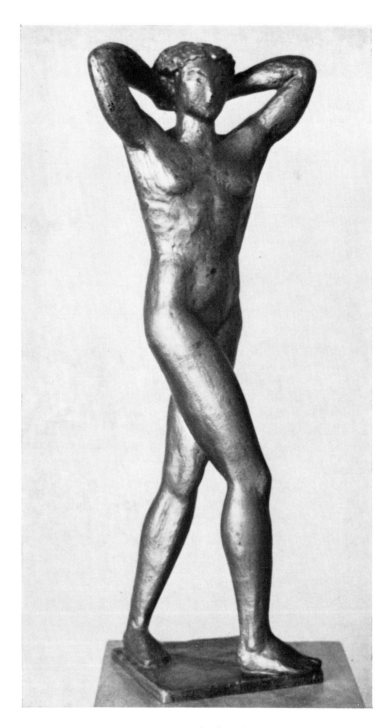

Abb. 18 *Stehende*
Bronze, Höhe 65 cm, im Besitz des Künstlers

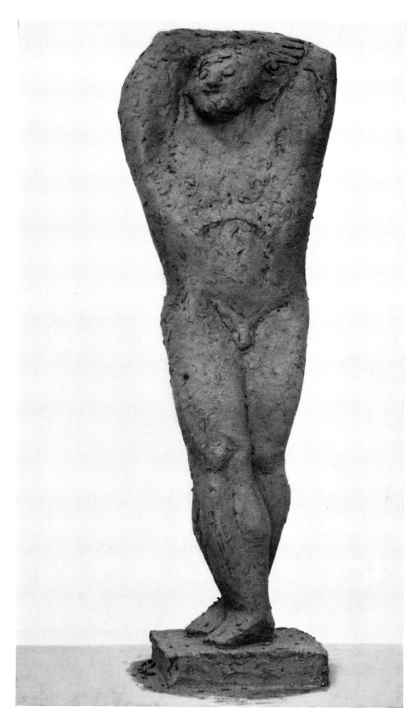

Abb. 19 *Praepotent*
Tonmodell, Höhe 54 cm, 1957, im Besitz des Künstlers

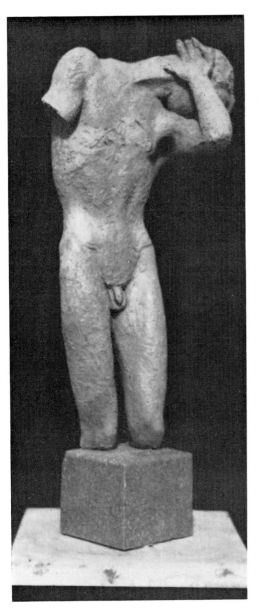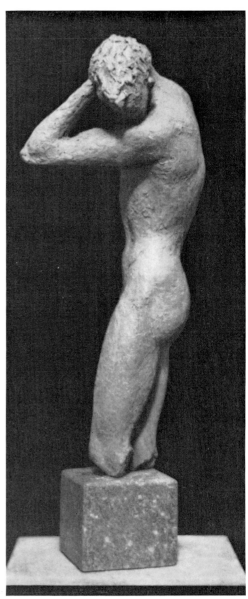

Abb. 20 und 21 *Erdenschwere Zeiten*
getönter Gips, Höhe 37 cm, 1946, im Besitz des Künstlers

Abb. 22 *Liebende*
getönter Gips, Höhe 50 cm, 1957, im Besitz des Künstlers

Abb. 23 *Jakob ringt mit dem Engel*
Gips, Höhe 69 cm, (1952), im Besitz des Künstlers

Abb. 24 *Sich Reckender*
Gips, (1958), vom Künstler zerstört

Abb. 25 *Mahnmal der Zerstörung von Frankfurt/Main* — (Wettbewerb)
Rückseite, Gipsmodell, Höhe 49 cm mit Sockel, im Besitz des Künstlers

Abb. 26 *Mahnmal der Zerstörung von Frankfurt/Main* — Vorderseite

Abb. 27 *Architekt Paul Heim*
Bronze, Höhe 32 cm, (1912), Neckarsulm, Privatbesitz

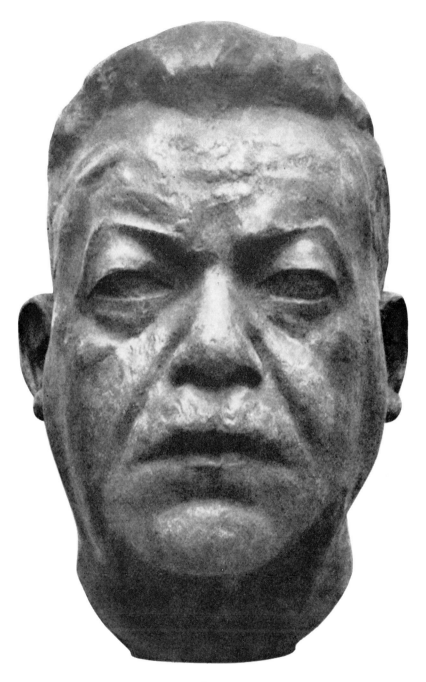

Abb. 28   *Reichspräsident Friedrich Ebert*
Bronze, 1923, ehem. Berlin, Nationalgalerie

Abb. 29 *Maler Otto Mueller*
Tonmodell, 1925, verschollen

Abb. 30 *Maler Oskar Moll*
Tonmodell, (1930), verschollen

Abb. 31 *Der junge Goethe*
Gips, (1949)

Abb. 32 *Goethe*
Bronze, 1949, Höhe 44,5 cm, Wiesbaden, Städt. Sammlung

Abb. 33   *Idealbüste eines jungen Dichters des 18. Jahrunderts*
(Joh. Christian Günther)
Bronze, 1934, ehem. Breslau Museum

Abb. 34 *Idealbüste eines jungen Dichters des 18. Jahrhunderts*
(Joh. Christian Günther)
Bronze, Höhe 35 cm, 1964, Lübbecke/Westf., Gymnasium

Abb. 35   *Gerhart Hauptmann*
Bronze, Höhe 34 cm, 1953, Delmenhorst, Ostdeutsche Heimatstube

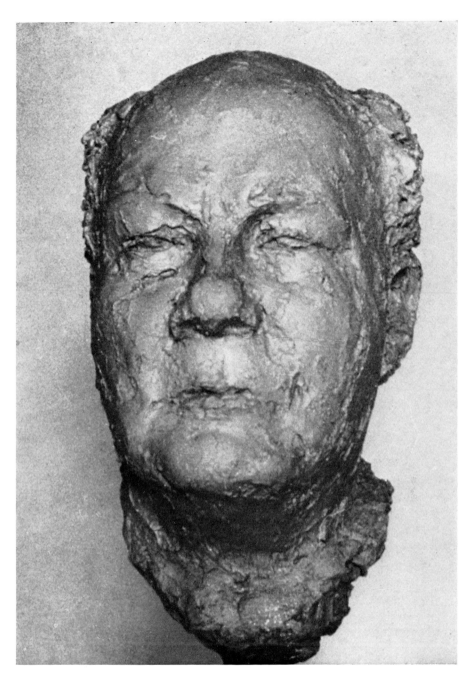

Abb. 36   *Dichter Arnold Ulitz*
Bronze, Höhe 31 cm, 1959, Tettnang, Privatbesitz

Abb. 37 *Kunsthistoriker Prof. Dr. Dagobert Frey*
Höhe 33 cm, 1958, Stuttgart, Privatbesitz

Abb. 38   *Kunsthistoriker Prof. Dr. Dagobert Frey*

Abb. 39 *Bundespräsident Prof. Dr. Theodor Heuss* (2. Fassung)
Gips, Höhe 35 cm, 1955, im Besitz des Künstlers

Abb. 40 *Bundespräsident Prof. Dr. Theodor Heuss* (2. Fassung)

Abb. 41 *Severin Kriebel*
Gips, Höhe 22,5 cm, 1951, Wiesbaden, Privatbesitz

Abb. 42 *Dichter Hermann Stehr* (3. Fassung)
Bronze, Höhe 38 cm, 1954, Wangen/Allgäu, Stehr-Archiv

Abb. 43 und 44   *Goethe-Medaille des Landes Hessen*
Bronze, Durchmesser 10,6 cm, 1949

Abb. 45 *Plakette* (Entwurf) *Papst Pius XII.*
Gips, Durchmesser 11,5 cm, 1950, im Besitz des Künstlers

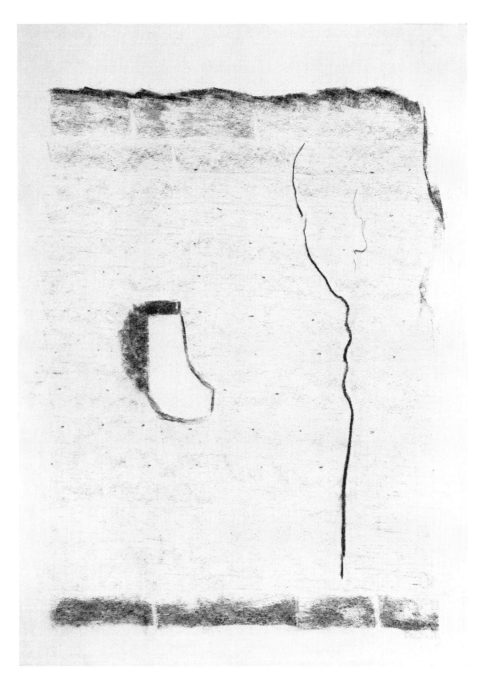

Abb. 46   *Caracalla-Thermen*
Kreide, 56 : 42 cm, 1967, im Besitz des Künstlers

Abb. 47   *Caracalla-Thermen*
Kreide, 56 : 42 cm, 1967, im Besitz des Künstlers

Abb. 48 *Selinunt*
Kreide, 57,7 : 39,2 cm, 1959, im Besitz des Künstlers

Abb. 49   *Selinunt*
Kreide, 39,2 : 57,7 cm, 1959, im Besitz des Künstlers

Abb. 50   *Praepotent*
1957, Tusche, im Besitz des Künstlers

Abb. 51 *Jakob ringt mit dem Engel*
Farbige Kreide, 1952, im Besitz des Künstlers

VERZEICHNIS DER ABBILDUNGEN

Abb. 1: »Bacchantenrelief«, (Rom-Preis), Gips, 1910, Besitzer unbekannt
2: »Schauende«, Muschelkalkstein, Höhe 210 cm, 1916, Breslau, Brückenkopf des Kraftwerkes an der Oder
3: »Symbolfigur«, Porphyr, 1927, Hindenburg OS, Schule
4: »Symbolfiguren«, Porphyr, 1927, Hindenburg OS, Schule
5: »Rosselenker«, Muschelkalkstein (Gipsmodell), (1925), Breslau, Regierungspräsidium
6: »Mädchen«, (Gipsmodell), (1920), Besitzer unbekannt
7: »Sitzender Torso«, (Gipsmodell), 1924, Besitzer unbekannt
8: »Sich Aufrichtende«, Bronze, Höhe 14,5 cm, (1925), Wiesbaden, Städt. Sammlung
9: »Singendes Mädchen«, Bronze, Höhe 17,8 cm, 1916, Regensburg, Ostdeutsche Galerie
10: »Kleine Schauende«, Bronze, Höhe 25,8 cm, 1919, Regensburg, Ostdeutsche Galerie
11: »Kleine Schauende"
12: »Kleine Schauende«
13: »Kleine Schauende«
14: »Liegende«, getönter Gips, Höhe 21 cm, (1950), im Besitz des Künstlers
15: »Liegende«
16: »Liegende«
17: »Liegende«
18: »Stehende«, Bronze, Höhe 65 cm, im Besitz des Künstlers
19: »Praepotent«, Tonmodell, Höhe 54 cm, 1957, im Besitz des Künstlers
20: »Erdenschwere Zeiten«, getönter Gips, Höhe 37 cm, 1946, im Besitz des Künstlers
21: »Erdenschwere Zeiten«
22: »Liebende«, getönter Gips, Höhe 50 cm, 1957, im Besitz des Künstlers
23: »Jakob ringt mit dem Engel«, Gips, Höhe 69 cm, (1952), im Besitz des Künstlers
24: »Sich Reckender«, Gips, (1958), vom Künstler zerstört
25: »Mahnmal der Zerstörung von Frankfurt/Main« (Rückseite), Wettbewerb Gipsmodell, Höhe 49 cm mit Sockel, im Besitz des Künstlers
26: »Mahnmal der Zerstörung von Frankfurt/Main« (Vorderseite), Wettbewerb
27: »Architekt Paul Heim«, Bronze, Höhe 32 cm, (1912), Neckarsulm, Privatbesitz
28: »Reichspräsident Friedrich Ebert«, Bronze, 1923, Berlin, ehemals Nationalgalerie
29: »Maler Otto Mueller«, Tonmodell, 1925, verschollen
30: »Maler Oskar Moll«, Tonmodell, (1930), verschollen
31: »Der junge Goethe«, Gips, (1949)
32: »Goethe«, Bronze, Höhe 44,5 cm, 1949, Wiesbaden, Städt. Sammlung
33: »Idealbüste eines jungen Dichters des 18. Jahrhunderts« (Joh. Christian Günther), Bronze, 1934, ehemals Breslau, Museum
34: »Idealbüste eines jungen Dichters des 18. Jahrhunderts« (Joh. Christian Günther), Bronze, Höhe 35 cm, 1964, Lübbecke in Westf., Gymnasium
35: »Gerhart Hauptmann«, Bronze, Höhe 34 cm, 1953, Delmenhorst, Ostdeutsche Heimatstube
36: »Dichter Arnold Ulitz«, Bronze, Höhe 31 cm, 1959, Tettnang, Privatbesitz
37: »Kunsthistoriker Prof. Dr. Dagobert Frey«, Höhe 33 cm, 1958, Stuttgart, Privatbesitz
38: »Kunsthistoriker Prof. Dr. Dagobert Frey«
39: »Bundespräsident Prof. Dr. Theodor Heuss« (2. Fassung), Gips, Höhe 35 cm, 1955, im Besitz des Künstlers
40: »Bundespräsident Prof. Dr. Theodor Heuss« (2. Fassung)
41: »Severin Kriebel«, Gips, Höhe 22,5 cm 1951, Wiesbaden, Privatbesitz

42: »Dichter Hermann Stehr« (3. Fassung), Bronze, Höhe 38 cm, 1954, Wangen/ Allgäu, Stehr-Archiv
43: »Goethemedaille des Landes Hessen«, Bronze, $\emptyset$ 10,6 cm, 1949
44: »Goethemedaille des Landes Hessen«
45: »Plakette Papst Pius XII.« (Entwurf), Gips, $\emptyset$ 11,5 cm, 1950, im Besitz des Künstlers
46: »Caracalla-Thermen«, Kreide, 56 : 42 cm, 1967, im Besitz des Künstlers
47: »Caracalla-Thermen«, Kreide, 56 : 42 cm, 1967, im Besitz des Künstlers
48: »Selinunt«, Kreide, 57,7 : 39,2 cm, 1959, im Besitz des Künstlers
49: »Selinunt«, Kreide, 39,2 : 57,7 cm, 1959, im Besitz des Künstlers
50: »Praepotent«, 1957, im Besitz des Künstlers
51: »Jakob ringt mit dem Engel«, Farbige Kreide, 1952, im Besitz des Künstlers

Die in ( ) gesetzten Jahreszahlen sind vom Künstler aus der Erinnerung angegeben.

ROBERT BEDNORZ

1882	18. Mai	in Pilzendorf/OS geboren
1903–1907	Breslau	Kunstakademie Bildhauerfachklasse Prof. Werner Schwarzburg
1907–1910	Berlin	Akademie der Bildenden Künste Meisterklasse Prof. Ludwig Manzel
1910		Rom-Preis der Akademie der Künste, Berlin
1911		Heirat mit Maria Ronke (gest. 1919)
1911–1912	Rom	Deutsche Akademie (Villa Strohl-Fern am Pincio)
1912–1941	Breslau	
1922		Heirat mit Paula Häusler (gest. 1970)
1924–1933		Akademie der Bildenden Künste Professur für Bildhauerei, Nachfolger von Prof. W. Schwarzburg
1933		Entlassung aus dem Staatsdienst, von der Beteiligung an Staatsausstellungen ausgeschlossen
1941–1943	Krakau	Professor an der Kunstakademie
1943–1945	Breslau	
1945–1946	verschiedene Flüchtlingslager in Wemding, Moschendorf, Ansbach, Murnau	
seit 1946	in Wiesbaden ansässig	
1952		Großes Bundesverdienstkreuz
1966		Oberschlesischer Kulturpreis

Wiederholte Reisen nach Italien und Griechenland, Frankreich und Ägypten

Für sachdienliche Hilfen ist besonders zu danken
der Malerin Gerda Leitgeb-Stryi / Wiesbaden,
dem Maler Wolfgang von Websky / Wangen im Allgäu,
dem 1971 verstorbenen Neffen des Künstlers, dem
Maler Bruno Supernok / Aschaffenburg.

Für jeden Hinweis auf den gegenwärtigen Standort oder Besitz, sowie auf Reproduktionen von Arbeiten des Bildhauers Professor Robert Bednorz ist dankbar
Die Künstlergilde, 73 Eßlingen, Webergasse 1

Da von dem größeren Teil der Arbeiten des Bildhauers Professor Robert Bednorz nicht bekannt ist, wo sie sich gegenwärtig befinden und ob sie überhaupt noch existieren, mußte auch auf zufällig vorhandene, unzulängliche Fotografien zurückgegriffen werden. Nur bei einzelnen Fotografien konnte der Name des Fotografen festgestellt werden: Hochscheid-Rummelsbacher, Wiesbaden (Abb. 31, 43, 44); Franz Klose, Breslau (Abb. 5); Molzahn-Altheim, Frankfurt/Main (Abb. 30); Willi Rudolph, Wiesbaden (Abb. 8); Schell-Pehlemann, Wiesbaden (Abb. 10, 11, 12, 13, 14, 15, 16, 17, 22, 25, 26, 39, 40); Erhard Schulze-Hirschring, Wiesbaden (Abb. 42, 45); Vasari (Foto Brennere), Rom (Abb. 19).